LES COLONIES

FRANÇOISES

AUX

SOCIÉTÉS D'AGRICULTURE, &c.

LES COLONIES FRANÇOISES

AUX

SOCIÉTÉS D'AGRICULTURE,

AUX MANUFACTURES,

ET

AUX FABRIQUES DE FRANCE.

Sur la nécessité d'étendre, à tous les Ports, la faculté déjà accordée à quelques-uns de recevoir des bois, bestiaux, riz, poisson salé, &c., que la France ne peut fournir.

Par M. DE PONS, habitant de S. Domingue.

Pour être réellement utile & favorable à la Population ; le Commerce doit être dans le rapport, & même dans la dépendance des productions du pays, il doit en exciter la culture, & non pas en détourner. Biblioth. de l'Homme public. *De la population en gen.* par MM. de Condorcet, de Peyssonnel, le Chapelier, député à l'Assemblée Nationale, & autres gens de Lettres.

***

A PARIS,

DE L'IMPRIMERIE DES ANNALES UNIVERSELLES,

1791.

LES COLONIES

FRANÇOISES

AUX SOCIÉTÉS D'AGRICULTURE,

AUX MANUFACTURES,

ET

AUX FABRIQUES DE FRANCE.

Sur la néceſſité d'étendre, à tous les Ports, la faculté déjà accordée à quelques-uns de recevoir des bois, beſtiaux, riz, poiſſon ſalé, &c., que la France ne peut fournir.

———

LES faux principes qui ont ſervi de baſe au gouvernement, dans les rapports des colonies, avec la Métropole, ont produit des maux qui ſont à leur comble.

Les vrais producteurs des deux mondes, les ſeuls qui opèrent la richeſſe de l'état, n'ont été comptés pour rien dans la formation des loix conſtitutives des liens qui uniſſent ces poſſeſſions d'outre-mer à la France.

La claſſe intermédiaire qui fait l'échange des productions, celle qui n'exiſte & ne s'enrichit qu'aux dépens des François d'Europe & des

(4)

Colonies, a été regardée, jufqu'ici, comme la feule dont on dût s'occuper; &, par un preftige qui ne fauroit plus long-tems durer, le colporteur a été mis au-deffus du producteur.

Tandis que la richeffe d'un état fe calcule fur celle de fes productions, on a cru tout faire, en favorifant l'échangeur.

Des maximes auffi fauffes, & que les tems d'un miniftère odieux ont enfanté, doivent, fans doute, dans ceux où tout, jufqu'aux opinions, fe régénère, faire place à des maximes plus vraies & plus conformes au bien général.

La mefure de la profpérité d'un état eft d'avoir beaucoup à vendre, & peu à acheter.

Les productions font la vraie mefure des ventes, comme les befoins font celle des achats; cet intérêt n'eft pas toujours celui du négociant, qui ne demande qu'à acheter au meilleur marché, & à vendre au plus haut prix; mais c'eft bien conftamment celui qui eft commun aux colons des Isles, & à ceux de France, de même qu'aux manufacturiers & aux fabricans.

Il eft donc bien plus de la faine politique, de confulter ces différentes claffes dans la combinaifon des loix relatives à leurs rapports commerciaux, que les négocians qui ne font leur fortune que fur le befoin des uns & des autres.

Le moment eft arrivé, où ce rapprochement général eft indifpenfable pour la profpérité commune. « Donnez, difoit un grand homme, au commerce, des productions, le négoce ira tout feul ; encouragez le producteur, & vous aurez des productions. Le commerce eft la fuite infaillible de l'abondance ; mais l'abondance n'eft pas la fuite du commerce ».

C'eft parce que ces vérités ont été trop long-tems méconnues, que les colonies ont été facrifiées à la cupidité du négoce, que les régimes prohibitifs les ont tellement opprimées, qu'elles préfenteroient un tableau auffi trifte que celui des colonies Efpagnoles, fi l'activité & le courage propres à la nation Françoife n'euffent franchi les obftacles des prohibitions, & forcé la terre, en dépit de l'adminiftration, à produire cette maffe de denrées qui élève la France au-deffus de toutes les autres puiffances.

Le fyftême miniftériel, qui étoit le même que celui des négocians, confiftoit à tenir les colonies dans un tel état d'efclavage, qu'elles ne puffent rien recevoir que de la Métropole ; les avantages que la contrebande a procurés, ont prouvé au gouvernement combien les exceptions étoient néceffaires.

On ouvrit, en 1767, quelques ports aux étrangers ; les négocians des ports de mer mirent ce bienfait au rang des plus grands malheurs ; heureufement que les événemens ont toujours démenti leurs affertions. La culture s'eft augmentée, & la France en a reçu plus de denrées, à proportion, que le cultivateur a été plus favorifé.

La guerre dernière a, fur-tout, donné une preuve bien complette du tort que fait aux colonies la trop grande extenfion des prohibitions. Les navires neutres ayant été admis à S.-Domingue, la profpérité y avoit fait des progrès étonnans, & le gouvernement en fut fi convaincu, que lorfque la paix fut conclue, l'admiffion des navires neutres ne devant plus avoir lieu, il s'occupa des moyens de ne pas tout-à-fait faire ceffer les avantages qu'ils avoient procurés ; &, après avoir entendu les colons, les manufacturiers & le commerce, il fut rendu un arrêt, le 30 août 1784, par lequel il fut permis aux navires étrangers d'apporter au Cap, au Port-au-Prince & au Cayes, pour S.-Domingue ; au Carénage, pour Ste-Lucie ;

à S.-Pierre, pour la Martinique ; à la Pointe à Pitre, pour la Guadeloupe ; & à Scarborough, pour Tabago ; toutes fortes de bois, falaifons, beftiaux & poiffon falé.

Les réclamations des négocians furent infinies (1) ; toutes les chambres de commerce firent entendre des cris lamentables, qui fembloient être le préfage d'une chûte également infaillible & prochaine de la France ; ils unirent à eux quelques manufactures. Des cours fouveraines firent des remontrances ; le parlement de Bordeaux fe fignala, par la vigueur des fiennes ; enfin, le cri fut général.

Les événemens n'ont pas fait honneur à ces prédictions. Cette faveur, qui devoit entraîner après elle les plus grandes calamités, a infiniment accru les productions des colonies. Beaucoup de terres, auparavant incultes, payent aujourd'hui leur tribut aux bras qui les ont cultivées. Une infinité d'habitations fe font établies. Des mornes qu'on croyoit inacceffibles

---

(1) Il paroîtra inceffamment un ouvrage qui a pour objet d'éclairer la nation fur fes vrais intérêts, relativement aux colonies, fur les vexations du commerce, & fur la néceffité de ramener leurs rapports commerciaux à des principes plus juftes.

font aujourd'hui couverts de café. S'il eſt encore d'autres terres à établir, c'eſt parce que
cette faveur n'avoit pas aſſez d'extenſion, ou
que les abus du monopole lui ont fait perdre
une partie de ſon mérite.

Mais, hélas ! dans le moment où les colonies
tendent les mains vers la France, pour qu'elle
ne ſe réſerve le commerce exclusif que pour
les objets qu'elle peut fournir, & qu'elle leur
laiſſe la libre faculté de recevoir de leurs voiſins,
ceux dont la France manque elle-même ; il
paroît une *Opinion de M. de Moſneron aîné*,
député extraordinaire du commerce de Nantes,
dont l'effet rendroit abſolument nul le bénéfice
de l'arrêt du 30 août 1784, & livreroit encore les
colonies à une plus grande détreſſe que celle
qu'elles éprouvoient auparavant, parce que le
nombre des habitans s'étant accru depuis cette
époque, les beſoins y font d'autant plus grands.

Eh ! dans quel tems, grand Dieu ! ofe-t-on
mettre en avant des propoſitions auſſi déſaſ-
treuſes ! Dans quel tems ſe permet-on de pré-
ſenter un projet, qui, en faiſant le malheur des
colonies, feroit infailliblement celui de la
France ! Car leur fort eſt tellement lié, que, ſui-
vant ce même député du commerce, « la France,
en perdant ſes colonies, non-ſeulement au lieu

de

de recevoir des étrangers une solde de 70 millions tous les ans, elle feroit obligée d'en dé-
bourfer une de plus de 100 millions, pour payer
fa confommation annuelle en denrées coloniales ; mais elle perdroit, en outre, le produit
en argent, & celui, bien plus précieux encore
en emploi d'hommes que lui donnent fes différentes manufactures alimentées, foit par les
objets exportés aux colonies, foit par ceux qui
en font importés : en un mot, elle perdroit un
quart de fa population ; &, pour le refte, il
faudroit qu'il fe foumît à des loix fomptuaires,
très-auftères, fans quoi il deviendroit, en peu
de tems, auffi pauvre & auffi miférable que le
peuple de Pologne ».

C'eft dans le tems où chaque citoyen exerce
le droit d'influer, par fon opinion, fur la chofe
publique, qu'on ne rougit pas de provoquer
une loi qui condamneroit les colonies à une
éternelle difette, qui mettroit un obftacle in-
vincible à l'accroiffement des cultures, qui opé-
reroit la chûte de celles qui exiftent, & qui,
par une fuite dont l'infaillibilité eft démontrée,
entraîneroit la ruine de la France.

M. de Mofneron eft parfaitement d'acord
avec les colonies fur les principes ; fon opinion
ne diffère que dans les moyens, parce qu'il a

bien fenti, que demander la fuppreffion des ports actuellement ouverts aux étrangers, pour fournir des fubfiftances aux colonies, feroit tenter une chofe impoffible ; car, fi leur ouverture n'a pas été favorable en touts points aux négocians des ports de mer, fi elle leur a enlevé les moyens de réduire les François d'Europe à la famine, pour porter, dans les colonies, des approvifionnemens ruineux & infuffifans, du moins elle a été utile aux colonies, en augmentant leurs richeffes, aux manufactures & aux fabriques de France, en leur foumiffant un débouché confidérable, & mieux payé de toutes leurs marchandifes ; & à la France elle-même, en lui procurant une plus grande quantité de denrées, & en lui acquérant ainfi de plus en plus de la fupériorité pour ces objets d'échange fur les autres nations.

La France ne peut fournir à fes colonies, ni riz, ni bois, ni beftiaux, ni falaifons, ni même des farines, que dans des cas d'abondance, qui ne font que trop rares.

La nouvelle Angleterre n'a précifément pas d'autres d'enrées, & elle a befoin de celle de nos colonies. Il eft donc à la fois intéreffant pour elle, pour la France & pour les colonies,

que ces approvifionnemens fe faffent directement.

Copions littéralement les principes de M. de
Mofneron :

« Une relation commerciale, dit-il, qui mé-
» rite une grande attention, c'eft celle entre
» nos colonies & les Etats-Unis. La nature a
» établi des befoins réciproques & des liaifons
» néceffaires entre ces deux parties du monde,
» que toutes les loix prohibitives de l'Europe
» s'efforceroient en vain de détruire. Les Etats-
» Unis ne peuvent fe paffer du fucre & du café
» des Antilles, & les Antilles ne peuvent fe
» paffer des bois, du riz, & des autres comef-
» tibles des Etats-Unis. On évalue de 30 à
» 40,000 bariques de fucres (1) & de plufieurs
» milliers de boucauds de café la confomma-

---

(1) Comme les évaluations coûtent peu au commerce ! 40,000 barriques de fucre feulement, à 1,500
liv. l'une, font 60 millions, c'eft-à-dire, le quart
du revenu en fucre de toutes les colonies Françoifes ;
ajoutez-y plufieurs milliers de boucauds de café,
tous les fyrops, tous les taffias, il réfulteroit que,
beaucoup plus de la moitié des revenus des îles
Françoifes, pafferoit au payement des objets que
la Nouvelle Angleterre leur apporte, qui ne con-

» tion des Etats-Unis ; & depuis l'époque de
» l'indépendance de ces Etats, que l'Angle-
» terre leur a fermé l'accès de fes colonies,
» cette grande confommation ne peut être tirée
» que des nôtres ; elle eft tirée, en France, clan-
» deftinement, fans payer de droit, & en dépit
» de toutes les furveillances, de toutes les loix
» pénales que l'intérêt, & à plus forte raifon,
» un befoin impérieux faura toujours éluder.
» Ne vaudroit-il pas mieux confentir une bonne
» fois à ce que la nature a voulu ? Ne vaudroit-il
» pas mieux profiter des befoins réciproques de
» ces deux pays, pour établir un commerce
» libre entr'eux, qui, en leur procurant les
» mêmes avantages, y fît participer la mère-
» patrie ? C'eft ce qu'un acte de navigation
» pourroit feul produire. C'eft là qu'un pareil
» acte eft indiqué, eft commandé par tous les
» intérêts commerciaux & politiques.

---

fiftent qu'en bois & en comeftibles pour les Nègres.
Je conviens que le fort des colonies n'eft pas tout-
à-fait auffi trifte ; car, felon le calcul de M. Mofneron, le double du revenu qu'elle fait ne fuffiroit
pas aux frais d'exploitation. Ainfi, de ces 40,000
barriques néceffaires à fa caufe, je lui en rends les
trois quarts & demi, parce que la vérité fuffit à la
mienne.

» Nos îles achètent beaucoup plus des Etats-
» Unis qu'elles ne leur vendent, ou plutôt que
» nous defirons qu'elles ne leur vendent.

» Le marché de nos Ifles, eft le plus avan-
» tageux de tous, aux Etats-Unis. Je dis plus ;
« ce marché eft indifpenfable, & nulle crainte
» que les Etats-Unis veuillent s'en priver, ils
» ont un befoin également impérieux, d'y ven-
» dre leurs bois, leurs riz & leur poiffon, &
« d'acheter nos fyrops ».

Par une conféquence de ces principes, M.
Mofneron, propofe de permettre l'importation
des Etats-Unis dans nos colonies occidentales
de tous les objets mentionnés dans l'arrêt du 30
Août 1784 ; & en outre, de la morue & de la farine, & de l'exportation de nos Colonies dans
les Etats-Unis de toutes les productions territoriales & induftrielles, tant de la France que de
fes colonies, à l'exception du coton en laine.

Qui ne croiroit, qu'après avoir fi bien conf-
taté le befoin que les colonies ont de recevoir
directement de la Nouvelle-Angleterre, les
bois & les comeftibles indifpenfables à l'exploitation des terres, & à la fubfiftance des habi-
tants, que toutes les entraves font levées, que
le commerce met enfin un terme à fes oppofi-

tions , & que les colonies ne feront affujeties au régime prohibitif que pour les objets que les manufactures, les fabriques où le fol de la France produifent.

Détrompez-vous, laborieux Colons ! ceux qui ont jusqu'ici fpéculé fur vos fueurs, ne paffent pas fi facilement d'un fyftême oppreffif à un fyftême régénérateur ; vous aurez encore long-temps à lutter contre les prétentions vexatoires du commerce. Habitué à vous regarder comme fes efclaves, il veut que vous n'achetiez que ce qu'il lui plaira de vous vendre, & qu'il vous foit fur-tout interdit, SOUS PEINE D'ÊTRE AC-CUSÉS D'INDÉPÉNDANCE, de vous plaindre ni de la qualité ni de la quantité, ni du prix des objets qu'il vous livre.

Le gouvernement vous avoit affranchi du joug du commerce pour les bois & les fubfif-tances, Eh bien ! cette faveur, dont vous demandez à jufte titre l'extenfion, le commerce veut vous l'enlever, vous en jugerez facilement par l'examen des conditions que M. de Mofneron met au commerce des Américains avec les Colonies Françoises.

PREMIERE CONDITION.

QUE *l'importation & l'exportation ne puiffent avoir lieu que par les ports de nos colonies dénommés comme ports d'entrepôts, dans l'arrêt du 30 Août 1784, & que pour les ports des Etats-Unis, où il fera établi des confuls François.*

Il est facile d'appercevoir, par cet article, la touche commerciale qui tend toujours à reftreindre tellement les difpofitions d'une loi bienfaisante; qu'elle foit nulle pour ceux dont elle doit affurer le bonheur.

Il est donc bien décidé que les négociants des ports de mer ne veulent pas qu'il y ait d'autres ports ouverts aux bois & aux fubfiftances que ceux qui le sont déjà.

Avant de trancher fur un point auffi important on devoit, à mon avis, résoudre ces deux queftions :

La premiere : *Eft-il avantageux aux colonies qu'il y ait plus de ports ouverts aux Anglo-Américains qu'il n'y en a actuellement?*

La feconde : *La France fouffriroit-elle aucun dommage, aucun préjudice par l'admiffion des Américains dans les colonies, par d'autres ports que ceux qui ont été ouverts en 1784 ?*

Sur la premiere queſtion, on doit obſerver que la France a dû ouvrir les ports déſignés par l'arrêt du 30 Août 1784 , afin que les colonies reçuſſent directement de l'Amérique ſeptentrionale les objets dénommés dans cet arrêt.

Si telle a été ſon intention, comme il n'eſt pas permis d'en douter , peu importe à la France que la maſſe des objets néceſſaires à la conſommation générale s'y introduiſe par certains ports ou par tous indiſtinctement, puiſque cette maſſe proportionnée à la conſommation, ne peut l'excéder ; & que le vœu de la loi doit être qu'il y ait un parfait équilibre entre le beſoin & les objets deſtinés à le ſatisfaire.

Mais il s'en faut bien qu'il ſoit également indifférent aux colonies de ne recevoir ces objets de premiere néceſſité que par certains ports ; car les droits dont ils ſont grévés, les accaparements qu'on en fait dans les ports privilégiés, les nouveaux frais, les nouvelles longueurs, les nouveaux riſques à courir pour le tranſport ultérieur, rendent abſolument cette faveur nulle pour les habitations éloignées des ports déſignés.

Ces

Ces habitations méritent cependant, par leur position, des encouragemens ; car, si aux frais & aux risques attachés à l'éloignement des principales villes, se joint encore une cherté excessive des subsistances & de grandes difficultés pour s'en procurer, elles ne pourront espérer aucun accroissement. Les terres qui les avoisinent, & qui n'attendent, pour produire, que des circonstances plus favorables, resteront toujours incultes.

Il ne faut que jetter les yeux sur la carte de Saint-Domingue, pour voir combien il est difficile que des subsistances, dont l'accès n'est permis que dans trois ports, puissent se répandre dans toutes les parties de la colonie, avec une égale facilité. On verra, dans la partie du Nord, la dépendance du Fort-Dauphin, où la nature a fait un très-beau port situé à douze lieues au vent du Cap, obligé d'aller faire ses approvisionne-mens dans cette derniere ville, de les y ache-ter de la seconde main, de les abandonner dans un magasin de passage, jusqu'à ce que l'occa-sion, ou la possibilité de les embarquer se pré-sentent. Toutes les difficultés ne finissent pas là. Les vents sont continuellement contraires pour aller du Cap au Fort-Dauphin, le trajet est or-

C

dinairement de deux ou trois jours, souvent de cinq, six & huit ; arrivés à bon port, ils font emmagafinés en payant, & comme le moment de leur arrivée dépend de celui où ils font partis du Cap, & des vents qui ont favorifé ou contrarié la navigation, il eft impoffible que l'habitant puiffe les envoyer chercher à point nommé ; plus il est preffé, plus fes negres & fes animaux font des voyages en vain.

Tous fes inconvéniens pris féparément n'offrent peut-être pas de grands motifs de confidération ; mais leur enfemble rend le fort des habitans, qui n'ont pas le bonheur d'avoir leurs poffeffions près des villes d'entrepôts, dignes des plus grands égards.

Le fyftême qui a fait ouvrir les trois ports de Saint-Domingue, a été fauffement affimilé à celui de la franchife des ports de Marfeille, Bayonne et Dunkerque ; ceux-ci devoient cette faveur à la politique qui trouvoit un avantage à permettre le féjour des marchandifes étrangères dans ce petit nombre de villes pour fuivre la deftination que la fpéculation ou les demandes des nations voifines leur auroient donnés ; Marfeille rempliffoit ce rôle pour le Levant ; Bayonne pour l'Efpagne, & Dunkerque pour le Nord ; cependant toutes ces grandes confidérations politiques ont cédé aux principes d'égalité dont le tableau de la France vient d'être enluminé; & comme tous les priviléges font odieux dans un pays libre, où tous les hommes ont un droit égal à la faveur de la loi, ces franchifes ont difparu par le décret qui a porté fur les frontières la perception des droits d'entrée & de fortie. L'objet de l'ouverture des ports des colonies ne prend point fa fource dans la politique, mais dans la néceffité de leur procurer les moyens de fubfiftance dont elles ne peuvent fe paffer; tous les citoyens qui habitent ces contrées éloignées ne doivent-ils pas également participer au bienfait de la loi? Eft-il jufte que ceux qui habitent à S.-Domingue les trois ports défignés par l'arrêt de 1784, foient plus favorifés pour leur confommation particulière, & qu'ils aient enfuite la faculté de fpéculer fur celle de leurs frères, de manière à les tenir toujours dans un véritable état de détreffe? Une loi qui met une partie des citoyens à la merci de la cupidité des autres eft-elle jufte? Or, fuivant les principes du droit politique, *il faut, pour que les loix impofent une véritable obligation, qu'elles foient juftes & équitables* (1).

____

(1) Burlamaqui, 3 part. chap. 1, art. 19.

Si, par une trop grande extenſion de l'arrêt du 30 Août 1784, la France étoit en aucune façon léſée, l'amour de la patrie m'impoſeroit ſilence.

C'eſt ce qu'il s'agit d'examiner : .

Je ne ſuivrai pas la même marche que le gouvernement a ſuivi juſqu'à-préſent, pour conciliar les intérêts des Colonies avec ceux de la Métropole ; je ne ſoumettrai donc pas ma queſtion aux négocians des ports de mer ; je ſuis certain qu'ils répondroient tous, au nom de la France, que mon ſyſtême détruit tous les rapports commerciaux, anéantit la navigation Françoiſe, entraîne la ruine de l'état, & rend les colonies INDÉPENDANTES ; mais, pour juger de l'intérêt de l'état, je m'adreſſe à ceux qui le conſtituent eſſentiellement, les cultivateurs, les manufacturiers & les fabricans de France ; & je leur demande ſi l'agriculture, les manufactures éprouveront aucun tort de l'admiſſion dans tous les ports indiſtinctement des objets qu'ils ne peuvent nous fournir, & quel avantage elles retirent du privilége des trois ports de S.-Domingue, ruineux pour ceux qu'un intervalle, plus ou moins grand en ſépare ? Je ne veux qu'obſerver, avant qu'on prononce, que, faute de ſubſiſtances, beaucoup d'habi-

tations languiffent, beaucoup font abandonnées,
& que, par un faux fyftême, inventé & fou-
tenu par l'avidité, le tiers de la colonie de S.-
Domingue refte inculte. Ainfi, les fers dans
lefquels le régime prohibitif tient les colonies
privent la France d'une quantité immenfe de
denrées coloniales.

Si les cultivateurs de France me difent :
« Nos productions pouvant à peine fuffire à la
confommation du royaume, & étant obligés,
lorfque les tems contrarient nos récoltes, de
faire venir des grains de l'étranger, nul doute
que les colonies habitées, cultivées par nos
frères, ne doivent avoir la faculté de s'appro-
vifionner ainfi qu'elles l'aviferont, parce que
c'eft à la fois leur procurer des moyens de profpérité, & prévenir ces extrêmes difettes aux-
quelles les fpéculations du commerce nous ont
fouvent réduits par des exportations infuffifantes
pour les colonies, & exceffives pour la Métropole ».

Si les manufacturiers à leur tour me répon-
dent : « Pourvu que les colonies ne confomment
d'autres marchandifes que celles qui provien-
nent de nos manufactures, nous confentons, &
nous fommes même intéreffés à ce qu'elles fe
procurent les autres objets néceffaires à leur

exploitation, par tous les moyens & par toutes les voies qui leur paroîtront préférables ». Et, fi les uns & les autres conviennent qu'ils ne peuvent fournir aux colonies, ni bois, ni riz, ni beftiaux, ni falaifons, & qu'ils ne fauroient être affujettis au régime prohibitif que pour des objets du cru ou des manufactures de la Métropole ; alors je dirai que les priviléges accordés aux trois ports d'entrepôts à S.-Domingue doivent ceffer, & que leurs réfultats doivent être partagés entre tous les ports de la Colonie.

Ici, les négocians des ports de mer vont dire : que ce n'eft pas fur l'extenfion des objets importés, que leurs craintes portent, mais fur l'exportation des denrées, qui peut être confidérable & nuifible aux intérêts de la France ; il eft facile de leur répondre : que, dans aucun cas, la fomme de l'exportation ne peut excéder celle de l'importation.

Si les Colonies ne font pas fuffifamment pourvues par les ports qui font actuellement ouverts, la néceffité de les ouvrir tous eft impérieufe ; fi au contraire, ces ports fuffifent à la confommation, l'ouverture de tous les ports n'augmentera point la maffe de l'importation, ni par conféquent celle du payement.

Pour exporter des colonies plus qu'elle n'y importe, il faudroit que la nouvelle Angleterre eût de l'argent pour payer la folde, & elle n'en a point ; il faudroit, en outre, pour le débouché du fucre, du café, &c. qu'elle pût foutenir dans les marchés d'Europe la concurrence avec les métropoles qui tirent directement des colonies, ces mêmes denrées, & cela eft impoffible.

Sous tous les rapports, il eft donc avantageux aux Colonies & à la France, qu'il n'y ait point de ports privilégiés pour l'entrée des objets défignés dans l'arrêt du 30 Août 1784, & que tous indiftinctement concourent à procurer à l'habitant les facilités dont fa culture a befoin.

SECONDE CONDITION.

Que les objets compris tant dans l'importation que dans l'exportation foient affujétis à des droits, foit à l'entrée, foit à la fortie de ces Ports d'entrepôts, et que ces droits foient combinés de maniere que ce Commerce indirect, ne puiffe pas préjudicier au commerce direct de la France avec fes Colonies, ou tout autre pays, & qu'ainfi les objets analogues que la France peut fournir tels que la farine & la morue, paient à leur entrée, un droit qui laiſſe à la mere-patrie toute la liberté de la concurrence, & que, pour les objets d'exportation, comme le ſucre & le café, ils ſoient à leur ſortie, pareillement ſoumis à un impôt, qui, non-ſeulement compenſe l'impôt que ces marchandiſes paieroient à leur entrée en France ; mais qui ſoit encore aſſez élevé pour empêcher que les Etats-Unis ne puiſſent ré-exporter ces mêmes marchandiſes dans les différents pays de l'Europe, en concurrence avec la France.

Ce n'eſt donc pas aſſez d'empêcher l'ouverture d'autres ports que ceux indiqués par l'arrêt du 30 août 1784? Il faut encore qu'une impoſition énorme ſur les objets d'achats & de ventes, entre la Nouvelle Angleterre & les Colonies, rendent ce commerce impraticable. C'eſt parce que la France ne peut ſubvenir aux beſoins des Colonies ; c'eſt parce que ſa population eſt dans l'hypothéſe la plus favorable, proportionnée à ſon agriculture, qu'il eſt permis aux Colonies de tirer des comeſtibles des Etats-Unis ; c'eſt parce que la France manque elle-même de bois, qu'elle conſent que les Colonies s'en procurent par cette voie, & le commerce, qui convient lui-même de la néceſſite de cette faveur, appelle

le

le secours du fisc pour écarter des colonies tout secours étranger, & se maintenir à la faveur des droits & des entraves qui équivaudroient à une prohibition absolue, dans la paisible & continuelle possession de pressurer tout à son aise les malheureux colons.

L'auteur semble sur-tout vouloir conserver, par prédilection au commerce de France, la concurrence des farines & de la morue, & pour cela, il demande que, sur ces deux objets principalement, le droit soit assez fort pour balancer le prix exorbitant auquel les négocians François vendent ces objets.

Dans ce moment, on apperçoit à l'entrée des colonies douze livres par quintal sur les morues venant des Etats-Unis, & on accorde au contraire une prime de douze livres à la morue provenant dè pêche françoise ; de sorte que, par cette combinaison fiscale, les négocians François ont un avantage sur les étrangers de vingt-quatre livres par quintal, & cependant, suivant les états de 1788 ; le commerce national n'a importé dans les colonies que deux mille six cents quintaux, soixante-huit livres de morue seche, contre 25,276 quintaux, 49 livres & demie venues de l'étranger, & l'année suivante l'importation de là morue françoife a été prefque nulle, puisque la fomme des primes payées ne s'est élevées qu'à 3,749 livres, 7 deniers.

Conféquemment, d'après les réfultats du commerce, ce droit porté à 24 livres en fa faveur, ne feroit pas encore affez fort, puifqu'il n'a pas pu lui conferver la concurrence.

Les farines devroient encore fupporter proportionnellement les mêmes droits. Leur mefure devroit être, felon les négocians des ports de mer, celle qui grèveroit fi fort les farines de la nouvelle Angleterre, que même dans les temps de la plus grande difette dans le royaumé, les moyens de fpéculation fuffent conftamment overts.

C'eft encore là une queftion que je foumets aux fociétés d'agriculture, aux manufactures, & aux fabriques de France; fi elles croient que cet état de calamité qu'on prépare aux colonies puiffe être avantageux à la métropole, qu'elles prononcent dans leur fageffe; quelleque foit leur décifion, les colonies s'y foumettront fans peine, parce que l'intérêt de chaque partie de l'empire doit céder à celui du tout, & il n'eft rien de plus fatisfaifant que d'être jugé par fes pairs, comme il n'eft rien de plus dangereux que d'être jugé par des intermédiaires dont l'intérêt ne

fléchit jamais fous aucune confidération politique.

TROISIEME CONDITION.

*Que l'importation de même que l'exportation ne puiffent fe faire que par des navires Fran-
çois, dont le propriétaire, l'état-major, & les trois quarts de l'équipage au mains foient François.*

Que les Américains qui arment & naviguent aux moindres frais poffibles, & qui viennent dans les colonies offrir leurs objets d'échange foient exclus de nos ports! Que des François feuls puiffent faire le commerce! Qu'ils achetent & chargent d'abord dans les ports des colonies les denrées deftinées au paiement des denrées Américaines! Qu'au prix de l'achat ils ajoutent les droits énormes que le commerce de France follicite! Qu'ils aillent enfuite offrir ces denrées à la Nouvelle Angleterre, pour charger en retour des bois, falaifons, beftiaux, &c. qui, à leur entrée dans les colonies, paieront encore des droits confidérables! Jamais tyrannie n'in-
venta rien de plus cruel & de plus défaftreux.

Je ne perdrai pas le temps à réfuter un fys-

tême dont la réflexion aura, fans doute, fait con-
noître à l'auteur tous les dangers, & je n'héfite
pas à avancer qu'avec l'exclufion d'autres ports
que ceux qui font déjà ouverts, avec l'impofition
projettée, & cette troifieme condition, la moitié
des revenus de la colonie, ne fuffiroit pas pour
payer les objets que la Nouvelle Angleterre four-
niroit.

L'auteur n'a pas fait attention qu'il ruine, par
fon projet les colonies, & qu'il contrevient à
l'article 30 du pacte d'amitié & de commerce
conclu entre la France & les Etats-Unis le 6
Février 1778, dont voici les termes : « Sa Ma-
» jefté confervera aux fujets defdits Etats-Unis
» les ports francs qui ont été & font ouverts
» dans les isles Françoifes de l'Amérique, de
» tous lefquels ports francs, lefdits fujets des
» Etats-Unis, jouiront conformément aux ré-
» glemens qui en déterminent l'ufage ».

Des chimères que l'imagination intéreffée fe
plaît à créer, fuffifent-elles pour violer un traité
fur lequel repofe la paix & l'amitié entre la
France & les Etats-Unis ? (1) Si la foif de l'or ne

---

(1) « Les Etats-Unis, dit M. Mofneron, font,
» felon toutes les apparences, appellés à poff100éder un
» jour toutes les Colonies Occidentales de l'Europe,

réspecte ni la profpérité des Colonies, ni les traités les plus folemnels, rien ne fera déformais facré pour elle.

Pour fufpendre la marche des évènemens très-douteux, ou dont l'effet eft au moins porté

» qui deviendront alors les leurs, & au moyen de
» de ce grand levier, toute cette partie du nouveau
» monde, déplacera fans doute le pivot du com-
» merce de la terre. Mais plus la nature confpire avec
» la pofition de ces Etats, pour élever dans un ave-
» nir, qui n'eft peut-être pas très-éloigné, leur im-
» menfe puiffance fur les débris de celle de l'Eu-
» rope ; plus les poffeffions atlantiques de la France,
» rapprochées du centre d'activité de ces futurs con-
» quérans, courent de rifques d'en devenir la pre-
» miere proie, & plus la prudence nous ordonne de
» prendre des mefures pour reculer ce fatal moment.
» Déjà les Côtes feptentrionales des Etats-Unis telles
» que celles de Maffachufet, de Rhode-Ifland, & de
» la Nouvelle-Yorck, fourmillent de marins & de
» bâtimens de toute grandeur ; déjà leurs habitans
» qui ne font point retenus chez eux par les travaux
» de l'agriculture, comme ceux des provinces mé-
» ridionales, ont mérité d'être appellés les Hollan-
» dois du nouveau monde. C'eft à nous de contenir
» l'inquiete activité de ces peuples ; c'eft à nous de
» brûler les voiles de ces vaiffeaux qui, comme les
» aîles du temps, ne fe déploient que pour hâter
» notre fin ».

à une époque fi éloignée que mille incidens peuvent l'arrêter, on propofe de facrifier dans ce moment les Colonies. C'eft échanger une crainte qui n'a pour elle que des probalités très-équivoques contre un mal réel. Eft-ce ainfi que doivent calculer la politique, la raifon & la juftice ?

Le moyen d'attacher à jamais les Colonies à la France n'eft pas celui de les furcharger de chaînes. Les liens de la violence & de la force ne font pas des liens durables. Les jougs politiques finiffent toujours par être plus funeftes à ceux qui les impofent qu'à ceux qui les portent ; car la nature donne le droit de réfifter à l'oppreffion ; mais elle impofe le devoir de la reconnoiffance pour les bienfaits.

Que le nouveau régime devienne donc favorable aux Colonies, & leur union à la France fera éternelle.

Mais tout femble confpirer contre elles. Les vexations du gouvernement, l'avidité du commerce, les concuffions des officiers publics, tout cela eft mis au rang du patriotifme ; & les cultivateurs, qui en font les vrais victimes, ne trouvent fur le chemin de la régénération, qu'opprobre, honte, & aviliffement.

Malheureufes Colonies ! quel eft donc votre fort !

l'Affemblée nationale vous a promis des modifi-
cations fur le régime prohibitif, tous les François font libres, tous les priviléges ont difparu,
tous ont un droit égal fur les bienfaits de la régénération , & cependant on propofe aux re-
préfentans de la nation de vous accabler fous le
poids des entraves & des prohibitions! La fpéculation perfide étend fes vues jufques fur les
fubfiftances! blancs & negres , pauvres & riches
tous fe trouvent enveloppés dans ce fyftème def-
tructeur des Colonies.

Il ne faut pas efpérer que l'auteur de ces pro-
pofitions, ni ceux pour qui il parle, foient jamais
fenfibles aux cris de douleur que cette calamité
arracheroit à près d'un million d'hommes.

Il a la précaution d'interdire tout accès à la
plainte pour la provocation d'une loi qui place
le cultivateur entre l'opprobre & la mifère.

« Il faut, dit-il, que l'infraction à quelqu'une
» de ces trois conditions, & fur-tout à la der-
» niere, entraîne, nonfeulement la confiscation;
» mais UNE PEINE AFFLICTIVE.

Infâme cupidité! que tu caufes de maux au
genre humain! Tu as fait ruiffeler le fang, dans
toutes les parties du nouveau monde! Tu as fait
autant de victimes qu'il y avoit d'individus!
Tu as donné un nouveau peuple à cet autre hémys-

phère, & tu sembles encore conspirer contre ses nouveaux habitans ! Tu veux leur enlever les seuls moyens qu'ils ont de subsister! Tu veux que le nouveau régime qui assure le bonheur de tous les François porte dans ces contrées lointaines, la désolation & la famine! Tu invoques la loi pour qu'elle voue à l'infamie celui que la faim feroit sortir du cercle de tes combinaisons désastreuses ! Au lieu d'avoir la raison à l'appui de ton système, tu le fais étayer par les galères, le fouet, la flétrissure, le carcan, le pilori, enfin par des PEINES AFFLICTIVES !

O vous ! agriculteurs, manufacturiers & fabricans de France ; vous ! dont les intérêts sont si intimément liés avec ceux des Colonies ; vous ! qui constituez véritablement l'intérêt national, jetez les yeux sur les malheurs dont les Colons, vos freres, sont menacés. Dépouillez-vous, sur-tout, de la prévention que les auteurs de leurs maux ont eu intérêt à vous inspirer. Tous les Colons sont bons François, ils ne demandent pas mieux qu'à concourir au bien général de la patrie ; ils savent que c'est le point central de tout bon citoyen ; mais plus leur patriotisme est vrai, plus ils sont révoltés de tous les genres d'oppression auxquels ils sont en proie.

Il n'est dans le cœur d'aucun d'eux de disconvenir

convenir que les Colonies doivent avoir pour but, dans leur organisation politique, l'intérêt de la métropole qui, en échange des frais de la protection qu'elle leur accorde, doit trouver des avantages dans ses rapports avec elle ; mais leur obligation ne s'étend pas jusqu'à satisfaire toutes les paſſions et tous les intérêts particuliers de ceux qui ont des relations avec elles, ſoit par la branche du commerce , ſoit par celle de l'adminiſtration. Elles obéiront toujours avec ſoumiſſion aux loix qui auroient pour objet l'intérêt de la France ; & comme la maſſe générale de cet intérêt n'eſt formé que de celle des productions territoriales & induſtrielles, c'eſt aux ſociétés d'agriculture , aux manufacturiers , & aux fabricans qu'appartient l'influence ſur les rapports commerciaux de la métropole avec ſes Colonies.

C'eſt à ces claſſes utiles de citoyens que je demande une ſeconde fois, avec confiance , s'il peut leur être avantageux que les colonies ne ſoient pas approviſionnées, ou ce qui eſt preſque la même choſe, quelles ne puiſſent ſe procurer des objets de ſubſiſtances qu'à un prix ruineux & à des conditions qui équivalent à des prohibitions ?

Si leur ſuffrage eſt en faveur de mon opinion, je foutiendrai hautement que, nonobftant les clameurs du commerce, tous les ports des colonies doivent être ouverts aux Anglo-Américains pour les objets que le commerce maritime de France ne peut nullement fournir, ou dont l'exportation nuiroit au royaume & feroit infuffifante pour les colonies.

Ces objets font les bois, les beftiaux, les falaifons, les légumes, le riz, la Morue, & accidentellement les farines, dont la convenance doit refter à la difcrétion de l'affemblée coloniale.

Les droits déja impofés fur ces articles font des droits vexatoires, qui reftreignent toujours les achats, & dont le montant feroit bien plus utilement employé par l'habitant à l'accroiffement de fes cultures.

Je conclus donc, au nom de l'intérêt de la France, au nom de l'intérêt des Colonies, & fur-tout des negres, à qui l'humanité doit cette faveur, que les Anglo-Américains puiffent importer, fans diftinction des ports, leurs denrées en exemption de droits, attendu leur nature.

Quant aux fucres & cafés qui leur feront donnés en paiement & dont le commerce de France craint qu'ils ne puiffent foutenir la concurrence dans les marchés d'Europe avec les métropoles des Colonies, on pourroit lui obferver qu'il n'y a qu'une extrême économie dans les armemens & dans la navigation des Anglo-Américains, qui puiffe juftifier ces craintes, & qu'à quelque dégré que cette économie fut portée, le bénéfice feroit nul ou fort modique ; mais en tout cas le droit le plus foible fur ces deux efpèces de denrées, fuffiroit pour rendre impraticable ce genre de fpéculation.

Au refte, l'expérience a démontré combien il.feroit dangereux de croire aveuglément à tout ce que les négocians des ports de mer avancent, c'eft à la trop grande condefcendance qu'on a eu pour eux depuis 1727 jufqu'en 1767, que le peu de progrès des Colonies eft dû, comme c'eft au rejet d'une partie de leurs moyens que l'on doit l'accroiffement, auffi rapide qu'étonnant, de l'agriculture des Colonies, depuis cette derniere époque jufqu'à celle-ci.

A les entendre, l'ouverture du port du Mole S. Nicolas, à S. Domingue, devoit ruiner la France, devoit ruiner les Colonies ; malgré leur prophétie, la France & les Colonies ont prof-péré.

Les navires neutres, admis en temps de guerre, devoient auffi être, felon les négocians des ports de mer, le fléau de la métropole & des Colonies, & cependant la métropole & les Colonies en ont retiré des avantages inapréciables.

Qui ne connoît pas les mémoires volumineux qu'ils produifirent contre l'arrêt du 30 août 1784, qui ouvroit trois ports à S. Domingue ? la France ne devoit jamais fe relever de la chûte que ce fyftême devoit lui caufer, la France ne s'eft apperçue d'autres changemens politiques que d'une plus grande maſſe de richeſſes qu'elle a reçue de ſes Colonies.

La faveur demandée aujourd'hui tient abſolument à la même cauſe & produira le même effet.

Les négocians vont encore crier ; de grands calculs vont paroître ; la France va étre encore menacée d'une ruine inévitable , s'il eſt permis aux Colonies de recevoir d'autres objets de ſubſiſtance que ceux que les négocians des ports de mer , voudront bien leur apporter ; & malgré eux les Colonies proſpéreront, malgré eux les dettes coloniales s'éteindront, malgré eux les rapports commerciaux feront de plus en plus importans.

Ces vérités ont été déja prévues par l'Aſſemblée nationale, qui, dans ſes inſtruĉtions du 28 mars dernier , a dit : « que la maxime de légiſlation » ſur les relations entre les Colonies & la mé- » tropole, n'a point de rapport aux exceptions » qu'exigent des beſoins preſſants & impérieux , » relativement à l'introduĉtion des ſubſiſtances ». Et , au grand regret du commerce , la même inſtruĉtion dit : « que la nation françoiſe ne veut exercer ſur les Colonies d'autre influence que celle des liens établis & cimentés pour l'utilité commune ; & elle n'eſt point jalouſe d'établir ou de conſerver des moyens d'oppreſſion ».

C'eſt donc de la juſtice de l'Aſſemblée nationale que les colonies ont à eſpérer un ſort moins rigoureux , & elles en trouvent la certitude dans ce paragraphe des mêmes inſtruĉtions : « L'Aſſemblée nationale exerce envers chacune

» des parties de l'empire françois les droits qui
» appartiennent au corps social fur tous les
» membres qui le compofent : chacun trouve en
» elle la garantie de fes intérêts & de fa liberté :
» chacun eft foumis par elle à l'exercice de la vo-
» lonté de tous. Dépofitaire de la plus légitime
» & de la plus impofante des autorités , la na-
» tion qui l'a chargée de la confervation de fes
» droits, a mis à fa difpofition toutes les forces
» néceffaires pour les garantir. C'eft donc pour
» elle un devoir rigide, une obligation facrée
» de les maintenir fans altération : mais plus ces
» droits font inconteftables, plus la nation, qui
» les a confiés, a des moyens pour les foutenir,
» & moins il convient à l'affemblée, qui la re-
» préfente , d'appeller à leurs fecours les armes
» de la foibleffe & de la tyrannie. Une circonf-
» pection timide, une vaine diffimulation, rava-
» leroient fon caractere au niveau des pouvoirs
» ufurpés ou chancelans ; elle peut donc, elle
» doit donc, en traitant avec les enfants de la
» patrie , oublier un moment & mettre de côté
» tous les droits & tous les pouvoirs qu'elle eft
» chargée d'exercer fur eux, examiner & difcuter
» leurs intérêts avec franchife , les attacher à leurs
» devoirs par le fentiment de leur propre bien,
» & prêter, à la majefté de la nation quelle re-
» préfente, le feul langage qui puiffe lui con-
» venir, celui de la raifon & de la vérité. »

F I N.